Uwe Lechleidner

Referat über Datensicherung

GRIN Verlag

Bibliografische Information der Deutschen Nationalbibliothek:

Die Deutsche Bibliothek verzeichnet diese Publikation in der Deutschen National-
bibliografie; detaillierte bibliografische Daten sind im Internet über http://dnb.d-
nb.de/ abrufbar.

Impressum:

Copyright © 2010 GRIN Verlag GmbH
Druck und Bindung: Books on Demand GmbH, Norderstedt Germany
ISBN: 978-3-640-88524-4

Dieses Buch bei GRIN:

http://www.grin.com/de/e-book/165570/referat-ueber-datensicherung

GRIN - Your knowledge has value

Der GRIN Verlag publiziert seit 1998 wissenschaftliche Arbeiten von Studenten, Hochschullehrern und anderen Akademikern als eBook und gedrucktes Buch. Die Verlagswebsite www.grin.com ist die ideale Plattform zur Veröffentlichung von Hausarbeiten, Abschlussarbeiten, wissenschaftlichen Aufsätzen, Dissertationen und Fachbüchern.

Besuchen Sie uns im Internet:

http://www.grin.com/

http://www.facebook.com/grincom

http://www.twitter.com/grin_com

Klasse: 02ETT

Referat über Sicherung von PC Systemen

Verfasser: Robert Lechleidner

1. Einleitung

Wer hätte zu den Anfangszeiten des Computers gedacht, dass Datensicherung mal so an Wichtigkeit gewinnt. Für eine Großfirma wie z.b. Siemens, aber auch Kleinbetriebe haben schon oft eigene Server die für die Datensicherung verantwortlich sind. Man stelle sich nur mal vor, durch einen Blitzschlag fällt ein Server aus auf dem Kundendaten sowie auch angebotsrelevante Informationen gespeichert sind. Durch den Blitzschlag ist auch die Festplatte zerstört worden. Wäre jetzt keine Sicherung vorhanden, wären die Daten weg. Es gibt zwar Spezialfirmen die eventuell noch die Daten zurückholen könnten aber das würde eine Weile dauern. Somit wären Informationen für Aufträge nicht verfügbar, die sich bei Siemens mit Sicherheit im Millionenbereich bewegen. Das könnte zur Folge haben das man den Auftrag nicht bekommt. So etwas kann selbst eine Firma wie Siemens an den Abgrund drängen.

2. Datensicherung
2.1. Bedeutung

Unter Datensicherung (Englisch:Backup) versteht man das teilweise oder komplette Kopieren von Daten einer Computerfestplatte auf ein externes Speichermedium. Desweiteren etabliert sich die Datensicherung langsam bei Firmen zur Archivierung. Dies minimiert den Platz zur Archivierung ungemein.

2.2. Sinn

Durch Datensicherung versucht man Datenverlust vorzubeugen, der durch folgende Einflüsse hervorgerufen werden kann:

- Versehentliches Löschen durch den Anwender
- ,,Bösartige Software" (z.b.Computerviren)
- Defekte Hardware
- Vandalismus

3. Verschiedene Arten einer Datensicherung
3.1. Vollsicherung

Bei einer Vollsicherung werden immer alle zusichernden Daten gespeichert. Dies kann eine komplette Festplatte oder nur ein Teil eines Verzeichnisbaumes sein. Sie verhält sich unabhängig von den zu sichernden Daten d.h., dass alle Daten gesichert werden, egal ob sie schon bei dem letzten Backup mit dem gleichen Stand gesichert wurden. Wie man sich vorstellen kann nimmt diese Art der Datensicherung viel Speicher in Anspruch. Deshalb wird sie meistens nur einmal im Monat durchgeführt.

3.2. Differenzielle Sicherung

Die differenzielle Sicherung sichert nur die Daten, die sich nach der letzten Vollsicherung verändert haben. Sozusagen wird immer der neueste Stand gesichert. Für eine vollständige Wiederherstellung des Datenbestandes benötigt man die letzte Vollsicherung, sowie die letzte differenzielle Sicherung.

3.3. Inkrementelle Sicherung

Die inkrementelle Sicherung sichert nur die Daten, die sich bei der letzten Inkrementellen- oder Vollsicherung verändert haben. Diese Art der Datensicherung spart eine Menge an Speicher, gegenüber der differenziellen Sicherung. Dies bedeutet aber auch, dass eine Wiederherstellung durch den Administrator unter Umständen mehr Zeit in Anspruch nehmen kann. Da der Administrator mehrere Inkrementelle Sicherungsbestände einspielen muss, um den kompletten Datenbestand zu rekonstruieren.

3.4. Abbildsicherung

Bei der Abbildsicherung auch Imagesicherung genannt, wird ein kompletter Datenträger, oft die komplette Festplatte, durch ein 1:1 Abbild gesichert. Es werden aber nicht nur Daten, sondern auch das komplette Betriebssystem durch ein Abbild der Festplatte gesichert. Diese Art der Sicherung kann bei einem kompletten Crash des Systems hervorgerufen z.B. durch einen Virus, sehr einfach und schnell wiederhergestellt werden. Jeder der schon mal ein Betriebssystem neu aufgesetzt hat, weiß welche mühsame Arbeit dies bedeuten kann. Desweiteren benötigt man alle Treiber sowie Software. Nicht selten bekommt man nicht mehr alle Programme die man vorher mal besessen hat. Deshalb kann so eine Abbildsicherung sehr von Bedeutung sein. Diese Art der Datensicherung wird oft bei pflichtbewussten Privatanwendern eingesetzt.

4. Sicherungsschemen

4.1. Großvater-Vater-Sohn-Sicherungsschema

Dieses Schema wird mit Abstand am häufigsten eingesetzt. Der Begriff Großvater-Vater-Sohn-Sicherungsschema bedeutet, dass es eine Tages-, Wochen- und Monatssicherung gibt. So wird montags bis donnerstags jeweils eine Tagessicherung durchgeführt. Jeden Freitag eine Wochensicherung. Die Monatssicherung wird üblicherweise am Monatsersten oder Monatsletzten, anstatt der Tages oder Wochensicherung, durchgeführt (Bild 1). Es werden 4 Medien für die Tagessicherungen eingesetzt, die Woche für Woche überschrieben werden. Für die Wochensicherung 4 bis 5 Medien, da es auch 5 wöchige Monate gibt. Für die Monatssicherung jeweils 1 Medium. Für ein Jahr würde man so 4 Medien für die Tagessicherung, 5 für die Wochensicherung und 12 für die Monatssicherung in Anspruch nehmen. Dieses Sicherungsschema hat aber einen großen Nachteil. Wird eine Datei von einem Anwender in der gleichen Woche erstellt und wieder gelöscht noch bevor eine Wochensicherung erstellt wurde. So kann diese Datei nur in derselben Woche wiederhergestellt werden, da die Tagessicherungen jede Woche überschrieben werden.

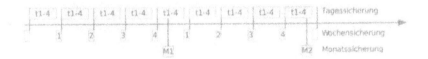

Bild 1: Großvater-Vater-Sohn-Sicherungsschema (BARTH, 2004)

4.2. Vater-Sohn-Sicherungsschema

Bei dem Vater-Sohn-Sicherungsschema werden die Tagessicherungen auf 4 Wochen ausgedehnt. Damit entfallen die Wochensicherungen komplett. Die Monatssicherung wird aber wie oben beschrieben durchgeführt. So kann man zwar das Problem mit dem Erstellen und dem Löschen einer Datei innerhalb einer Woche beheben. Benötigt so aber mehr Medien. Für ein Jahr sind das 20 Medien für die Tagessicherungen und 12 für die Monatssicherungen.

Bild 2: Vater-Sohn-Sicherungsschema (BARTH, 2004)

4.3. Auswahl

Um als Administrator das richtige Sicherungsschema zu nutzen, sollte man abwägen was man genau benötigt und welches Budget zu Verfügung steht. Wie wir gesehen haben, benötigt das Vater-Sohn-Sicherungsschema eine größere Anzahl an Medien. Um das richtige für sich zu finden, ist es sinnvoll die beiden Schemen an seine Bedürfnisse anzupassen. Z.B. das Großvater-Vater-Sohn-Sicherungsschema so anpassen, dass man acht Tagessicherungen, acht Wochensicherungen sowie eine Monatssicherung durchführt (Montag1-Donnerstag1, Monatg2-Donnerstag2). Somit beugt man dem Wochenübergreifenden Löschen für 8 Wochen vor.

5. Dokumentation

Mit das wichtigste bei der Datensicherung sowie auch bei der Datenrücksicherung, ist eine lückenlose Dokumentation. Sie sollte folgendes Abdecken:

- Ablauf der Datensicherung (siehe: Bild3)
- Aufbau der Archivierung
- zu treffende (Sofort-)Maßnahmen
- Kompetenzen (der Mitarbeiter und Dienstleister)
- Prioritäten für besonders zeitkritische Daten und Systeme

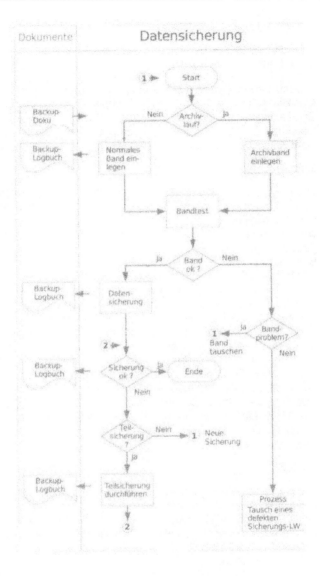

Bild 3: Ablauf der Datensicherung (BARTH, 2004)

6. Datensicherungsmedien

6.1.   Bandlaufwerke

6.1.1. Funktionsprinzip

Optisch haben Bandlaufwerke eine sehr große Ähnlichkeit gegenüber Musikkassetten. In der Tat ist die Technik auch sehr ähnlich. So haben Bandlaufwerke einen Antrieb für zwei Spulen und einen Schreib-und Lesekopf. Es gibt sehr viele Standards. So hängt die Speicherkapazität nicht zuletzt vom eingesetzten Standard ab.

6.1.2. Nachteile

Um bei einer Datensuche das gewünschte Byte zu finden, muss das Band von vorne nach hinten durchsucht werden. Man kennt dies noch von Audiokassetten wenn man ein Lied sucht. So Kann man nicht wie von einer Audio-CD bekannt direkt hin springen, sondern muss bis zum gesuchten Lied spulen. Es gibt zwar Mechanismen die über File-oder Bandmarken gezielt suchen, aber auch wenn es nur so aussieht als würde man das Band sprunghaft durchsuchen, kommt die Hardware nur Byte für Byte voran. Desweiteren sollte man den mechanischen Abrieb nicht unterschätzen. Dadurch, dass das Band am Lesekopf vorbeigeführt wird und nicht selten auch berührt, wird der Lesekopf nach einer Weile geschwächt und verschmutzt. Durch die Zugbelastung beim spulen hat das auf Dauer eine dehnende Wirkung auf das Band. Somit verändern sich die physikalischen Eigenschaften des Bandes nach einiger Zeit. Trotz all der Nachteile sind Bandlaufwerke immer noch erste Wahl für Administratoren. Grund dafür ist nicht zuletzt das Preis-Leistungs-Verhältnis. So sind schon 10 Gigabyte für unter 6 Euro erhältlich. Mittlerweile werden schon Kapazitäten von über einem Terabyte erreicht, die noch mit einem Verhältnis von 2:1 komprimiert werden.

6.1.3. Standards

Es gibt sehr viele verschiedene Standards die gängigsten sind Digital Linear Tape (DLT), Scalable Linear Recording (SLR), Advanced Intelligent Tape (AIT), Linear Tape Open (LTO) und Digital Audio Tape (DAT). Auf alle möchte ich aber im Folgenden nicht eingehen. Lediglich auf DAT, DLT und LTO, da ich denke dass diese am meisten eingesetzt werden.

6.1.3.1.   DAT

Das Digital Audio Tape (DAT) wurde wie es der Namen schon sagt, für die Musikindustrie entwickelt. Wurde dort aber nie wirklich eingesetzt. Der Unterschied zwischen Audio-Laufwerken und Datensicherungslaufwerken besteht darin, das Datensicherungs-Laufwerke mit dem sogenannten „Read after Write" Funktion arbeiten. Das heißt, dass nach dem Schreiben nochmal gelesen wird, ob alles ordnungsgemäß geschrieben wurde. Treten Fehler auf, wird ein erneuter Schreibversuch durchgeführt. Tritt der Fehler erneut auf, so wird das Band etwas vorgespult und die betreffende Stelle als Schadhaft markiert. So gibt es eine große Datensicherheit. Die Laufwerke basieren auf dem 3.5" Format und sind in den Größen von 2 bis 40 Gigabyte erhältlich. DAT Laufwerke zeichnen die Daten mittels Schrägspurverfahren (Helical Scan) auf (siehe: Bild 4). Das dazugehörige Medium ist relativ preiswert, wenn gleich die Langlebigkeit gegenüber anderen Standards sehr eingeschränkt ist. Desweitern kommt hinzu, dass die Laufwerke meist die Verschmutzung des Lesekopfes zu spät erkennen. Dem wurde aber mit der neuen Serie versucht entgegen zu wirken. Diese besitzen neben dem normalen Band, ein Stück Reinigungsband das nach jedem Einsatz eine Kopfreinigung durchführt.

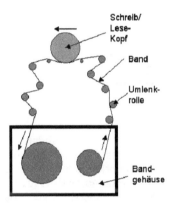

Bild 4: DAT (Bandtechnologien DAT, 2010)

6.1.3.2. DLT

Das Digital Linear Tape (DLT) ist der Ferrari unter den Bandlaufwerken und wurde 1994 von DEC entwickelt. DLT arbeitet ebenfalls im Schrägspurverfahren (sieh: Bild5). DLT ist sehr Zuverlässigkeit gegenüber den anderen Standards, zu einem guten Preis. Es wird auf ein Halbzoll-Band aufgezeichnet, mit nur einer Spule die sich in der Kassette befindet. Für eine Speicherung wird das Band aus der Kassette herausgeholt, da sich die Gegenspule im Laufwerk befindet. Sozusagen wird vom Laufwerk das Band eingefädelt. Davon bekommt man aber nichts mit, da dies alles automatisch vom Laufwerk getan wird. Wie der Name es schon vermuten lässt, zeichnet dieses System linear auf, das heißt, die Spuren am Band sind parallel zur Bandrichtung. Damit ist dieses

Verfahren im Dauereinsatz sehr zuverlässig. Laut Herstellerangaben sollen diese Kassetten bis zu 30 Jahren lesbar sein. Was aber in der Praxis nur unter optimalen Bedingungen möglich wäre. Somit könnte man dieses Medium eventuell bei der Archivierung über mehrere Jahre einsetzen. Doch es gibt auch einen Nachteil gegenüber anderen Standards und zwar sind die Laufwerke nicht immer abwärts Kompatibel. Dies bedeutet, wenn ein Laufwerk einen Defekt erleidet, kann es sein das man für diese Version von Kassetten nicht mehr das passende Laufwerk bekommt. So müssen neben dem Laufwerk, auch die Kassetten ausgetauscht werden.

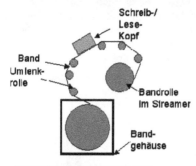

Bild 5: DLT (Bandtechnologien DLT, 2010)　　Bild 6: DLT-Kassette (Digital Linear Tape, 2010)

6.1.3.3. LTO

Linear Tape-Open(LTO) wurde von HP, IBM und Seagate entwickelt. Damit sollte ein offener Standard erstellt werden, damit der Verbraucher nicht mehr nur von einem Hersteller abhängig ist. LTO funktioniert im Grunde genauso wie DLT. Der Aufbau und das Beschreiben des Bandes sind nahezu identisch (siehe: Bild7). Der einzige Unterschied besteht darin, dass es einen zusätzlichen Memory-Chip auf der Kassette gibt. Auf dem zusätzliche Informationen, wie die Position der Filemarken (Ende einer Datei), gespeichert werden können.

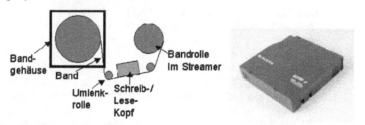

Bild 7: LTO (Bandtechnologien LTO, 2010)　　Bild 8: LTO-Kassette (Linear Tape Open, 2010)

6.2. Optische Medien
6.2.1. DVD-RAM

Das Einzige, was das DVD-Ram mit der DVD+/-R gemeinsam hat, ist die Kapazität und die Optik. Das RVD-RAM ist zur Sicherung von Daten konzipiert. Sie besitzt ein Management defekter Sektoren, ganz ähnlich der Festplatte. Das Medium ist desweiteren Aufwändiger aufgebaut als die DVD+/-R, weil das die Störanfälligkeit erhöht, leider aber auch den Preis. Um eine DVD-RAM zu beschreiben, benötigt man ein DVD-Kombi-Laufwerk. Normale DVD Brenner würden mit dem Medium nicht zurechtkommen. Man kann sie bis zu 100000-mal überschreiben. Die Daten werden bei richtiger Lagerung über 30 Jahre gehalten. Somit kommt sie immer dort in Frage, wo Daten über einen längeren Zeitraum archiviert werden.

6.2.2. MOD

Das Magneto Optical Disk ist ein kombiniertes Verfahren aus einem Magnetfeld und einem Laser. Wenn Daten auf das Medium geschrieben werden, erhitzt ein Laser die bestimmte Stelle auf über 200 Grad und durch ein Magnetfeld werden die Daten dann geschrieben. Je nach Magnetfeld wird eine 1 oder eine 0 geschrieben. Gelesen werden die Daten wieder wie bei der DVD, optisch mit dem Laser. Um Daten zu ändern sind immer hohe Temperauren nötig und somit ist es ein ideales Langzeitmedium. Viele Hersteller sprechen hier sogar von einer Datensicherheit von über 70 Jahren. Ganz soweit sollte man nicht gehen. Aber für Langzeitsicherungen wie z.B. für medizinische Patientendaten die über 30 Jahre archiviert werden müssen, ist dies das optimale Medium. Desweiteren ist eine Rücksicherung deutlich schneller als bei Bandlaufwerken. Eine Standardisierung durch die ISO sorgt dafür dass auch in vielen Jahren noch die heute beschriebenen Scheiben lesbar sein werden. Auf dem Markt bekommt man im Moment Kapazitäten von 640MB bis 9,1GB. Wobei eine 9,1GB MOD mit 50 Euro nicht gerade das billigste Datensicherungsmittel darstellt.

6.3.   Festplatten

Festplatten sind nur durch ihre große Kapazität und dem niedrigen Preis interessant für die Datensicherung. Aber eine wirkliche Datensicherheit bekommt man mit Festplatten nicht hin. Grund dafür ist zum einem die Stromversorgung, denn die Datensicherungsfestplatte kann genauso wie die zu sichernde Festplatte durch Überspannungen oder Spannungseinbrüchen zerstört werden, zumanderem hat zwar die Festplatte eine relativ lange Lebensdauer, die aber durch Stöße oder unsachgemäßer Behandlung rapide fallen kann. Benutzt man zur Datensicherung das gleiche Modell wie die zu sichernde Festplatte, ist die Wahrscheinlichkeit doch hoch das diese kurz nacheinander Defekte erleiden. Speziell wenn nach Jahre langen Dauerbetriebs, ein Stromausfall auftritt, kommt es nicht selten vor, dass sie dann nicht wieder hochfährt. Wenn man mit Festplatten trotzdem Datensicherungen durchführen möchte, sollte man dies mit externen Festplatten tun. Dies hat den Vorteil der räumlichen Trennung. Man kann sie so vor Diebstahl, Feuer etc. schützen.

6.4.   NAS

Das Network Attached Storage ist ein Dateiserver der mittels eigener Netzwerkfunktionalität eingebunden wird(siehe: Bild9). Zur Konfiguration verfügt ein NAS über einen eigenen Webserver. Je nach Typ verfügt das NAS über unterschiedlich viele Schächte, in denen man schnell und einfach Festplatten einbinden und entfernen kann. Durch den Fall der Festplattenpreisen, hat sich NAS wieder seit geraumer Zeit selbst für Datensicherung ins Spiel gebracht. Für kleinere Datensicherungsmengen bis 1 Terabyte bietet sich dieses System hervorragend an. Alles darüberhinaus würde bedingt durch die doch eher langsame Netzwerktechnik zu viel Zeit in Anspruch nehmen. Microsoft hat mit dem Windows Storage Server 2003 ein abgespecktes Betriebssystem entwickelt, dass man nur in Verbindung mit einer NAS zu kaufen bekommt. Damit kann man in nur kurzer Einstellungszeit eine Datensicherheit erreichen, die mit Bandlaufwerken vergleichbar ist. Natürlich sollte man auf die Qualität achten, ansonsten kann es ein böses Erwachen geben. Dadurch, dass man die Festplatten herausnehmen und tauschen kann, ist die räumliche Trennung ebenfalls gegeben.

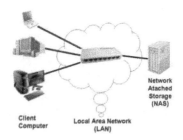

Bild 9: NAS im Netzwerk (Network Attached Storage, 2010)

6.5. Fazit

Welches Format das Richtige ist, hängt immer vom verfügbaren Budget, dem Zeitaufwand und dem Wert der zu sichernden Daten ab. Für Privatanwender kann man Externe Festplatten, DVD-RAM, NAS, DVD+/-R und mit Einschränkungen USB-Sticks empfehlen. Bei Firmen sollte man auf Bandlaufwerke setzen und für die Archivierung mehr als 10 Jahre auf Magneto-Optical Disk (MOD).

7. Literaturverzeichnis

Bandtechnologien DAT. (12. März 2010). Abgerufen am 11. April 2010 von
http://www.storitback.de/service/band_dlt.gif

Bandtechnologien DLT. (12. März 2010). Abgerufen am 11. April 2010 von
http://www.storitback.de/service/band_dlt.gif

Bandtechnologien LTO. (12. März 2010). Abgerufen am 11. April 2010 von
http://www.storitback.de/service/band_lto.gif

BARTH, W. (2004). *Datensicherung unter Linux.* München: Open Source Press GmbH.

Digital Linear Tape. (28. März 2010). Abgerufen am 11. April 2010 von Wikipedia:
http://de.wikipedia.org/w/index.php?title=Datei:DLTtapechtaube050402.jpg&filetimestamp=200504
02191652#file

Linear Tape Open. (29. März 2010). Abgerufen am 11. April 2010 von Wikipedia:
http://upload.wikimedia.org/wikipedia/commons/thumb/0/0c/LTO2-cart-purple.jpg/800px-LTO2-
cart-purple.jpg

Network Attached Storage. (7. April 2010). Abgerufen am 11. April 2010 von Wikipedia:
http://de.wikipedia.org/w/index.php?title=Spezial:Zitierhilfe&page=Network_Attached_Storage&id=
72855496

www.ingramcontent.com/pod-product-compliance
Lightning Source LLC
La Vergne TN
LVHW042324060326
832902LV00010B/1716